올바른 **공공장소예절** 지키기

나 하나쯤
뭐 어때?

올바른 공공장소 예절 지키기

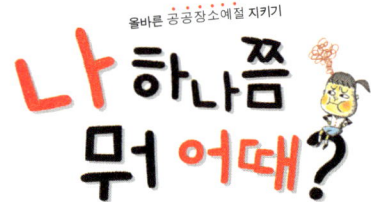

나 하나쯤 뭐 어때?

초판 11쇄 펴낸날 2025년 5월 15일

글 이지현 그림 서현
펴낸이 김동호 펴낸곳 키위북스
편집장 김태연 편집 김도연, 박주원 꾸민곳 페이퍼민트
주소 경기도 고양시 일산동구 중앙로 1079, 522호
전화 031)976-8235 팩스 0505)976-8234
전자우편 kiwibooks7@gmail.com
출판등록 2010년 2월 8일 제2010-000016호

이지현·서현, 2011

ISBN 978-89-964831-3-7 14300
    978-89-964831-5-1 (세트)

올바른 **공공장소예절** 지키기

나 하나쯤 뭐 어때?

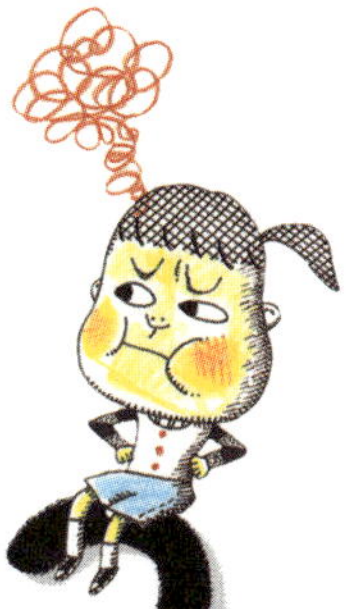

글 **이지현**   그림 **서현**

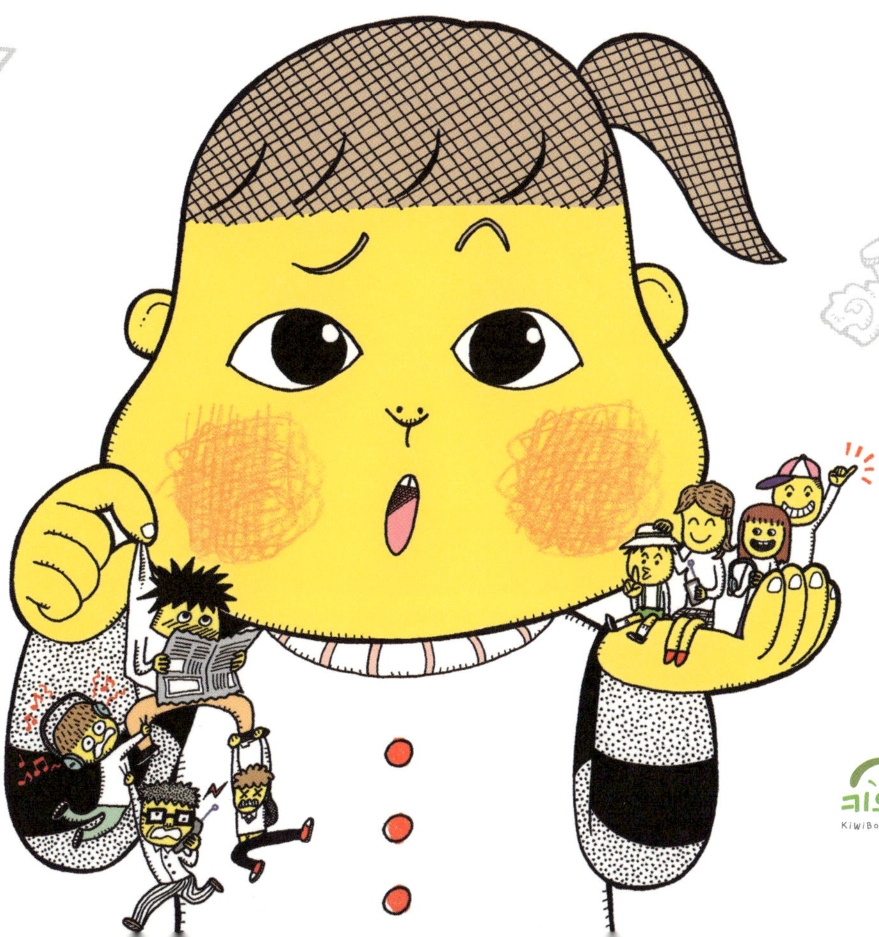

키위북스
KiwiBooks

즐거운 생활의 시작!
나부터, 지금부터, 작은 일부터!

세상에는 아주아주 많은 사람들이 함께 살아가고 있어요.

그런데 그 사람들 모두가 저마다 자신만 생각하고,

자신이 편한 대로만 행동한다면 어떻게 될까요?

이 세상은 온통 뒤죽박죽, 엉망진창이 되고 말 거예요.

그러면 모두가 불편해진답니다.

코 푼 휴지를 모두가 교실에 마구 버린다고 생각해 보세요.

교실은 금세 쓰레기로 가득찰 거예요.

녹색 불이 들어오지도 않았는데 횡단보도를 막 뛰어가면 어떻게 될까요?

아주 위험한 사고를 당하게 될 수도 있어요.

생각만으로도 아찔하고, 위험하고, 기분이 좋지 않은 일이에요.

그러므로 모두가 더불어 즐겁게 살아가려면 '나 하나쯤 뭐 어때?' 하는

생각보다는 모두를 생각하는 큰 마음, 넓은 마음으로

아주 작은 기본부터 지켜보세요.

바로 지금부터 말이에요!

이지현

차 례

극장에 가는 길

오늘은 노는 토요일이에요. 가영이는 엄마와 같이 영화를 보러 가기로 했어요. 아빠도 같이 가고 싶어 했지만 회사에 출근을 해야 돼서 두 사람만 가기로 한 거죠. 그 대신 저녁에 아빠가 맛있는 것을 사 주기로 하셨어요.(가영이의 엄마는 그림 그리는 일을 하신답니다. 그래서 가영이가 노는 토요일에는 같이 놀 수 있어요.)

가영이와 엄마는 10시 30분쯤 집을 나섰어요. 영화 표는 엄마가 예매를 해 두었어요. 영화 상영 시간은 1시예요. 그런데 왜 그렇게 일찍 집을 나섰느냐고요? 아빠의 회사 근처에 있는 극장에서 영화를 보기로 했거든요. 그래야 아빠를 만나기 쉬우니까요. 집에서 극장까지는 좀 멀어요. 차를 타고 한 시간 넘게 가야 한답니다.

"지하철을 타고 가자꾸나."

엄마가 말했어요.

"왜요?"

가영이가 물었어요.

"토요일이라 길도 막히고, 주차장 찾기도 어려울 것 같아."

가영이는 엄마가 운전하는 차를 타고 싶었어요. 그게 더 편하니까요.

"차는 길가에 세워 두면 되잖아요."

"안 돼요, 아가씨. 차는 주차장에 세우는 게 기본이야."

엄마는 가영이의 볼을 살짝 꼬집으며 오늘 가게 될 공공장소에서 지켜야 할 예절들을 하나하나 일러 주었어요. 외출하기 전 엄마가 늘 하는 일이에요.

　　외출 준비
를 마치고 가영이는
엄마와 함께 지하철 역으로
갔어요. 사람들이 계단 양쪽에 설치
된 에스컬레이터를 타고 지하로 내려가고 있
었어요. 가영이도 엄마와 함께 에스컬레이터를 탔어요.
　　그런데 바로 앞에서 교복을 입은 오빠 두 명이 나란히 서서
장난을 치고 있었어요. 뭐가 그렇게 재미있는지 깔깔거리며 웃더
니 오른쪽에 선 오빠가 왼쪽에선 오빠를 툭, 밀었어요.
　　"어어어!"
　　왼쪽에 선 오빠가 아슬아슬하게 에스컬레이터의 손잡이를 잡았
어요. 기우뚱하던 오빠가 하마터면 가영이 쪽으로 넘어질 뻔해서
가영이는 가슴이 철렁했지요.
　　"조심해라, 애들아!"
　　엄마가 걱정스러운 듯 타일렀어요.

"에스컬레이터를 타고 장난치면 위험해. 그러다 넘어지기라도 하면 다치지 않겠니? 다른 사람에게 피해를 줄 수도 있고 말이야. 또 에스컬레이터가 갑자기 멈춰 서기라도 하면 어떻게 되겠니?"

"아줌마가 무슨 상관이에요?"

오빠들은 기분 나쁜 표정을 지으며 엄마를 흘겨보고는 후다닥 뛰어 내려가 에스컬레이터 밖으로 나가 버렸어요. 그 바람에 아래쪽에 있던 사람들이 황급히 몸을 움츠렸어요.

엄마는 오빠들의 태도에 머리를 절레절레 흔들었어요.

"저런 녀석들을 보았나. 요즘 애들은 정말 버르장머리가 없다니까."

뒤쪽에 서 있던 할머니가 쯧쯧쯧쯧 혀를 차며 말했어요.

"저러다 다치기라도 하면 정말 어쩌려고……. 가영아, 너는 저
러면 안 되는 거 알지? 에스컬레이터에서는 손잡이를 꼭 잡고,
내릴 때까지 걷거나 뛰지 말고 가만히 서 있어야 해."

엄마는 외출하기 전에 했던 말을 한 번 더 했어요.

"네, 엄마."

가영이는 엄마 말대로 손잡이를 꼭 잡았어요.

잠시 뒤 지하철이 도착했어요. 드문드문 빈자리가 보였어요. 아
주머니 두 명이 재빨리 뛰어가 빈자리를 차지하고 앉았어요. 가영
이도 자리에 앉고 싶었어요. 그래서 지하철 안을 휘둘러보았지요.
씨름 선수처럼 몸집이 커다란 아저씨가 의자 한가운데에 다리를
쫙 벌리고 앉아 신문을 읽고 있었어요. 옆에 앉은 사람이 째려 보

는데도 말이에요. 그 아저씨가 다리만 오므려도 한 사람은 앉을
수 있을 것 같았어요.

"저 아저씨 좀 보세요, 엄마."

가영이가 엄마에게 눈짓을 하며 작게 말했어요.

엄마는 눈살을 찌푸리며 고개를 돌렸어요.

다음 역에서 더 많은 사람들이 탔어요. 그런데도 다리를 쩍 벌
린 아저씨는 아랑곳하지 않았어요. 그때 할머니 한 분이 그 아저
씨 앞으로 가더니 말했어요.

"좀 같이 앉읍시다."

할머니는 아저씨가 다리를 오므리기도 전에 옆자리에 엉덩이를
쑥 들이밀며 비집고 앉았어요. 아저씨는 떨떠름한 표정을 지으며

하는 수 없이 다리를 모았어요.

"쌤통이에요."

가영이가 고소한 표정을 지으며 엄마 귀에 대고 속삭이자 엄마도 쿡, 웃었어요.

가영이와 엄마는 신도림 역에서 내렸어요. 극장으로 가려면 그곳에서 내려 지하철을 갈아타야 하거든요. 신도림 역은 서울에 있는 지하철 역 중에서도 복잡하기로 소문이 난 곳이에요. 지하철이 서고 출입문이 열리자 사람들이 우르르 계단 쪽으로 몰려갔어요. 마치 달리기 시합이라도 하는 것 같았어요.

가영이는 엄마 손을 잡고 천천히 계단을 올라갔어요. 오른쪽 왼쪽 보행 표시가 있는데도 내려오는 사람들과 올라가는 사람들이 마구 뒤섞여 계단은 무척 복잡했어요. 지하철을 타려고 서둘러 내려오던 아저씨가 가방으로 가영이의 어깨를 툭 치고 지나갔어요.

"아야!"

가영이는 어깨를 감싸 쥐었어요.

아저씨는 미안하다는 말도 없이 가 버렸어요.

어른들은 왜 이렇게 서두르는 걸까요? 영화를 보기도 전에 가영이는 기운이 쪽 빠졌어요.

'나 하나쯤 뭐 어때?'라는 생각은 버려요

우리 주변에는 도서관, 영화관, 극장, 은행, 병원, 놀이터, 공중 목욕탕, 공연장 등 여러 사람들이 함께 모이거나 사용하기 위해 만들어진 곳이 많이 있어요. 이런 곳을 가리켜 공공장소라고 하지요.

그런데 모두가 즐겁게 이용해야 할 공공장소에서 자신만 편하고 좋으면 그만이라는 이기적인 생각을 하는 사람들이 있어요. 음식점 안을 안방처럼 뛰어다니는 아이들, 공연장에서 음식을 먹거나 큰 소리로 이야기하는 사람들, 미술관이나 전시장에서 작품을 함부로 만지는 사람들. 이렇게 자기 편한 대로, 제 멋대로인 사람들이 많다면 어떻게 될까요? 우리는 불편함, 불쾌함을 느끼게 되고, 우리 사회는 무질서와 다툼과 사고가 많이 발생하는 혼란한 사회가 될 거예요. 그리고 그 피해는 결국 자신에게 돌아오지요. 그러므로 공공장소에서는 장소에 맞는 질서와 예절을 지켜야 해요. 공공장소예절은 다른 사람들과 조화롭게 어울려 살아가기 위해 꼭 지켜야 할 사람들 간의 약속이에요. 자신의 이익보다는 다른 사람의 불편을 먼저 생각할 줄 아는 마음, '나 하나쯤이야' 하는 생각보다는 '나 하나만이라도' 잘 지키겠다는 마음, 누가 보지 않아도 항상 양심적으로 행동하려는 마음을 가지고 공공장소예절을 잘 지켜야 한답니다.

우리 모두가 공공장소예절을 잘 지키면 우리 사회는 명랑하고 친절한 사회, 깨끗하고 아름다운 사회, 서로 믿고 돕는 사회, 질서와 규칙을 잘 지키는 사회가 될 거예요.

그런데 지켜야 할 게 너무 많다고요? 너무 까다롭고 귀찮다고요? 하지만 지금 내가 편하게 생활하는 것이 누군가 지키는 예절과 질서 때문일지도 모른다고 생각해 보세요. 어떤 게 올바른 예절인지 모르겠다고요? 물론 공공장소에서 지켜야 할 예절은 장소에 따라 달라져요. 그러나 어떤 공공장소에서든 다른 사람 입장을 생각하고, 주위 사람들을 존중하고 배려하는 마음을 갖는다면 공공장소예절을 지키는 일, 그리 어렵지 않답니다.

음식점에서 생긴 일

가영이와 엄마는 12시가 다 되어 극장이 있는 쇼핑센터에 도착
했어요.

"점심은 간단하게 먹자꾸나."

엄마가 말했어요.

지하철을 타고 오는 동안 배가 다 꺼졌나 봐요. 점심을 먹자는
말에 귀가 번쩍 뜨였어요.

"뭘 먹을까?"

엄마가 물었어요.

"햄버거요."

가영이는 재빨리 대답했어요.

"으음……."

엄마가 조금 망설였어요. 엄마는 가영이에게 좋은 것만 먹이고 싶어 해요. 그래서 가영이는 패스트푸드나 인스턴트, 탄산음료를 먹는 일이 거의 없어요.

"치즈버거 먹고 싶어요. 사 주세요, 네? 오늘만요."

가영이는 엄마를 졸랐어요.

"그래, 좋아. 하지만 오늘만이다."

"야호!"

가영이는 좋아서 깡충깡충 뛰었어요.

엄마는 가영이를 데리고 쇼핑센터 안으로 들어갔어요. 그곳은 아주 넓고 복잡했어요. 극장뿐만 아니라 옷 가게, 신발 가게 등 갖가지 물건을 진열해 놓은 가게들이 건물의 가장자리를 따라 길게 이어져 있었어요. 가영이와 엄마는 음식점이 모여 있는 지하로 내려갔어요.

여기저기서 맛있는 냄새가 풍겨 왔어요.

"샌드위치는 어때?"

빵집 앞을 지나며 엄마가 물었어요.

"싫어요."

가영이는 딱 잘라 말했어요. 샌드위치는 집에서 엄마가 간식으로 자주 만들어 주니까요.

"그럼 파스타는?"

이탈리아 음식점 앞을 지나며 엄마가 또 물었어요.

"안 돼요."

살짝 마음이 흔들렸지만 가영이는 이번에도 거절했어요.

"햄버거가 그렇게 먹고 싶었니?"

엄마가 빙긋 웃으며 물었어요.

가영이는 활짝 웃으며 고개를 끄덕였어요.

두 사람은 햄버거 가게 안으로 들어갔어요. 먼저 온 사람들이 계산대에 줄을 서서 주문을 하고 있었어요.

"여기 앉아 있어. 주문하고 올게."

엄마가 빈자리에 가방을 내려놓고 계산대로 갔어요. 엉덩이를 자리에 붙이고 앉으려던 가영이가 벌떡 일어나며 소리쳤어요.

"엄마, 콜라도 잊지 마세요!"

"알았으니까 목소리를 낮추렴."

엄마가 이마를 찡그리며 검지손가락을 입에 댔어요. 가영이는 손바닥으로 얼른 입을 막았어요.

잠시 뒤 엄마가 번호표를 들고 자리로 돌아왔어요. 그런데 뒤쪽에서 시끄러운 소리가 들려왔어요. 뒤를 돌아보니 초등학교 4, 5학년은 되어 보이는 남학생들이 들어오고 있었어요.

"야, 저기 앉자!"

빨간 모자를 쓴 아이가 빈자리를 가리키며 뛰어가려 했어요.

"내가 먼저 앉을 거야."

옆에 있던 친구가 그 아이를 밀치며 후다닥 달려갔어요. 하지만 두 걸음도 가지 못해 다른 아이들에게 잡히고 말았어요. 아이들은 서로 먼저 자리에 앉겠다며 장난을 쳤어요. 그 바람에 가게 안은 아주 소란스러워졌어요. 주문한 음식이 나왔음을 알려 주는 벨소리도 잘 들리지 않았어요.

"42번 손님, 주문한 음식 나왔습니다."

계산대에 있던 언니가 큰 소리로 외쳤어요.

"어, 우리 거다!"

엄마가 서둘러 음식을 가지러 갔
어요. 그 사이 자리다툼을 끝낸 남학
생들이 의자 사이를 휘젓고 다니며 우
르르 계산대 쪽으로 몰려갔어요.

"어머!"

엄마가 기우뚱하며 한 걸음 뒤로 물러났
어요. 하마터면 쟁반을 쏟을 뻔했는데 남
학생들은 사과도 하지 않았어요.

"저 오빠들은 창피한 줄도 모르나 봐요, 엄마."

가영이가 조그만 목소리로 흉을 보았어요.

"그러게 말이다."

엄마도 못마땅한듯 살짝 이마를 찡그렸어요.

남학생들은 계산대 앞에서도 계속 장난을 쳤어요. 어찌나 정신
없게 구는지 머리가 빙글빙글 돌 지경이었지요. 모처럼 먹는 햄버
거를 즐겁게 먹고 싶었는데, 기분이 엉망이 되었어요.

가영이와 엄마는 얼른 햄버거를 먹고 밖으로 나왔어요. 오빠들
은 공공장소에서 장난을 치면 안 된다는 걸 모르는 걸까요? 1학년
인 가영이도 아는데 말이에요.

줄을 서세요

극장은 7층에 있어요. 두 사람은 엘리베이터를 타고 7층으로 올라갔어요. 노는 토요일이라 그런지 부모님과 함께 온 아이들이 아주 많았어요. 유치원생들도 꽤 있는 것 같았지요.

"여기서 잠깐 기다려. 표 바꿔 올게."

엄마가 매표소 쪽으로 가며 말했어요. 가영이는 졸랑졸랑 엄마 뒤를 따라갔어요. 그런데 매표소 앞까지 간 엄마가 갑자기 당황한 표정으로 가방을 뒤적이는 거예요. 예매한 번호를 알아야 표를 바꿀 수 있는데 그걸

28

적어 놓은 쪽지를 어디에 두었는지 잊어버렸대요.

"이게 어디 갔지?"

엄마가 허둥거리며 가방을 뒤지고 있는데 초록색 치마를 입은 아주머니가 매표소 창구 앞으로 고개를 쓱 들이밀며 말했어요.

"초등학생 두 명하고, 성인 한 명이요."

"죄송합니다, 고객님. 먼저 온 분이 계세요. 줄을 서 주세요."

창구에 있던 직원이 말했어요.

"어머, 죄송해요. 저는 표를 사신 줄 알았어요."

아주머니가 머쓱한 표정을 지으며 뒤로 물러났어요.

"아니에요, 먼저 하세요."

엄마가 옆으로 비켜났어요.

"고맙습니다."

아주머니는 인사를 하고 난 뒤 표를 샀어요. 그 사이 엄마가 쪽지를 찾아냈어요.

"화장실에 들렀다 가자."

표를 바꾸고 난 뒤 엄마가 말했어요. 오줌이 별로 안 마려웠지만 가영이는 엄마를 따라갔어요.

화장실 안도 북적북적 붐볐어요.

두 사람은 줄을 서서 차례를 기다렸어요. 드디어 가영이 차례가 되었어요.

가영이는 변기가 있는 칸막이 안으로 들어갔어요. 그런데 맙소사, 이게 뭐예요? 휴지가 바닥에 너풀너풀 떨어져 있네요.

"으~, 더러워."

가영이는 재빨리 코를 틀어쥐고 밖으로 나왔어요.

오줌을 누고 싶은 마음이 싹 달아나 버렸지요.

"여러 사람이 쓰는 곳인데 좀 깔끔하게 쓰지……."

엄마가 말했어요.

가영이는 다른 칸으로 들어가 볼일을 봤어요. 그리고 뒤처리도 깔끔하게 했답니다. 다른 사람도 함께 쓰는 곳이니까요.

아무 데나 앉으면 안 돼요?

"라푼젤을 보실 분들은 입장해 주세요."

12시 45분쯤 되자 유니폼을 입고 5관 앞에 서 있던 언니가 말했어요. 근처에 서 있던 사람들이 입구로 가서 줄을 섰어요.

"조금 있다 들어가자."

엄마가 말했어요.

두 사람은 5분쯤 더 앉아 있다 극장 안으로 들어갔어요.

어두운 극장 안은 자리를 찾는 사람들로 어수선했어요.

"역시 아이들이 많구나."

엄마가 말했어요.

여기저기서 웅성거리는 소리가 들려왔어요.

"저기 앉아요, 엄마."

가영이가 비어 있는 자리를 가리키며 말했어요.

"안 돼요, 아가씨. 거기는 우리 자리가 아니야."

엄마가 말했어요.

"우리 자리가 따로 있어요?"

가영이가 물었어요.

"그럼, 따로 있지. 어디 보자. 몇 번이지?"

엄마는 E열 12, 13번이 우리 자리라고 했어요.

"E열 12, 13번이 뭐예요?"

"의자 번호란다."

엄마가 설명을 해 주었어요.

"어디에 그 번호가 붙어 있는데요?"

"의자 뒤에 붙어 있어. 미리 좌석 배치표를 보고 올 걸 그랬다. 그럼 더 쉽게 찾을 수 있을 텐데."

엄마가 주변에 있는 의자를 쓰윽 훑어보며 말했어요.

"그럼 이 많은 의자에 다 번호가 붙어 있단 말이에요?"

가영이가 물었어요.

"그렇단다."

엄마가 바로 앞에 있는 의자의 뒷부분을 가리키며 말했어요. 그 의자에 붙어 있는 조그만 금속판 위에는 C20이라는 숫자가 쓰여 있었어요.

"이 줄이 C면 저 위는 뭘까?"

엄마가 물었어요.

가영이는 얼른 위쪽에 있는 의자를 보았어요. D20이라는 번호

가 쓰여 있었어요.

'그럼 그 위가 E?'

역시나 짐작이 맞았어요.

"엄마, 우리는 위쪽으로 올라가야 돼요."

가영이가 말했어요.

"역시 우리 딸은 똑똑하단 말이야."

엄마가 웃으며 칭찬을 해 주었어요.

두 사람은 계단을 올라갔어요. 드디어 E 줄이 나왔어요. 그런데 12번 자리에 깻잎머리를 한 여학생이 앉아 있지 뭐예요?

"저기 학생, 미안하지만 여긴 우리 자리인데?"

엄마가 말했어요.

"야, 어떻게 된 거야? 여기 저 아줌마 자리라는데?"

어리둥절한 표정으로 엄마를 쳐다보던 여학생이 옆에 앉은 친구를 보며 물었어요. 네 명이 함께 영화를 보러 왔나 봐요.

"어, 맞는데. 잠깐만 기다려 봐."

한 여학생이 그렇게 말하더니 표를 꺼내 확인을 했어요.

"8, 9, 10, 11번이 우리 자리야."

"에이, 뭐야? 그럼 여긴 우리 자리 아니네."

"야, 8번부터 앉았어야지, 왜 9번부터 앉았냐?"

"아무 데나 앉으면 어때?"

"그 정도는 말 안 해도 기본이지!"

"쳇, 기본은 무슨, 편한 대로 하면 되지."

"얼른 옆으로 가기나 해."

여학생들은 티격태격 말씨름을 하며 한 칸씩 옆으로 옮겨 앉았
어요. 그냥 12번 자리에 있던 사람만 일어나 8번 자리로 가면 될
텐데, 미처 그 생각은 못 했나 봐요.

"그냥 아무 데나 앉으면 안 돼요?"

가영이가 엄마를 보며 물었어요.

"안 되지. 엄마가 미리미리 좋은 자리를 예약해 뒀는데 다른 사람이 앉아 버리면 자리다툼이 일어나지 않겠니? 그럼 극장 안이 소란스러워지고, 특히 오늘처럼 관람객이 많을 때는 더 복잡해질 거야."

엄마는 공연을 관람할 때 자리가 얼마나 중요한지 설명을 해 주었어요. 화면과 너무 가까운 자리는 영화를 볼 때 불편하대요. 구석진 자리는 소리가 너무 크게 울려서 잘 들리지 않을 수도 있고요. 그래서 사람들은 좋은 자리를 예약해 두는 거래요.

가영이는 엄마의 설명을 들으며 고개를 끄덕였어요. 그때 한 무리의 유치원생들이 극장 안으로 들어왔어요.

"와, 화면 엄청 크다!"

노란 옷을 입은 아이가 화면 쪽으로 뛰어갔어요.

"극장 안에서 뛰어다니면 안 된다고 말했지요?"

선생님이 다급한 목소리로 주의를 주었어요.

"떠들지도 말라고 했어요!"

다른 아이가 말했어요.

"장난도 치면 안 돼요!"

"그래요. 지금부터는 모두 입을 다물고 조용히 하세요. 극장에서 떠들면 선생님이 나중에 아이스크림 안 사 준다고 분명히 말했지요. 누가 떠드나 선생님이 볼 거예요."

"저는 안 떠들었어요!"

"저도요!"

"저도요!"

아이들이 저마다 소리를 질렀어요.

"쉬잇!"

선생님이 오른쪽 집게손가락을 입술에 갖다
대자 아이들이 한꺼번에 입을 다물었어요.

"떠들거나 장난치는 사람은 절대 아이스크림 안
사 줄 거예요. 모두 조용히 하고 선생님을 따라
오세요."

선생님이 한 번 더 다짐을 받고 난 뒤 아이들
을 자리로 데리고 갔어요. 아이들은 얌전히 선
생님을 따라갔어요. 가영이는 유치원생들 옆자
리가 아닌 게 참 다행이라고 생각했어요.

너무하네, 정말!

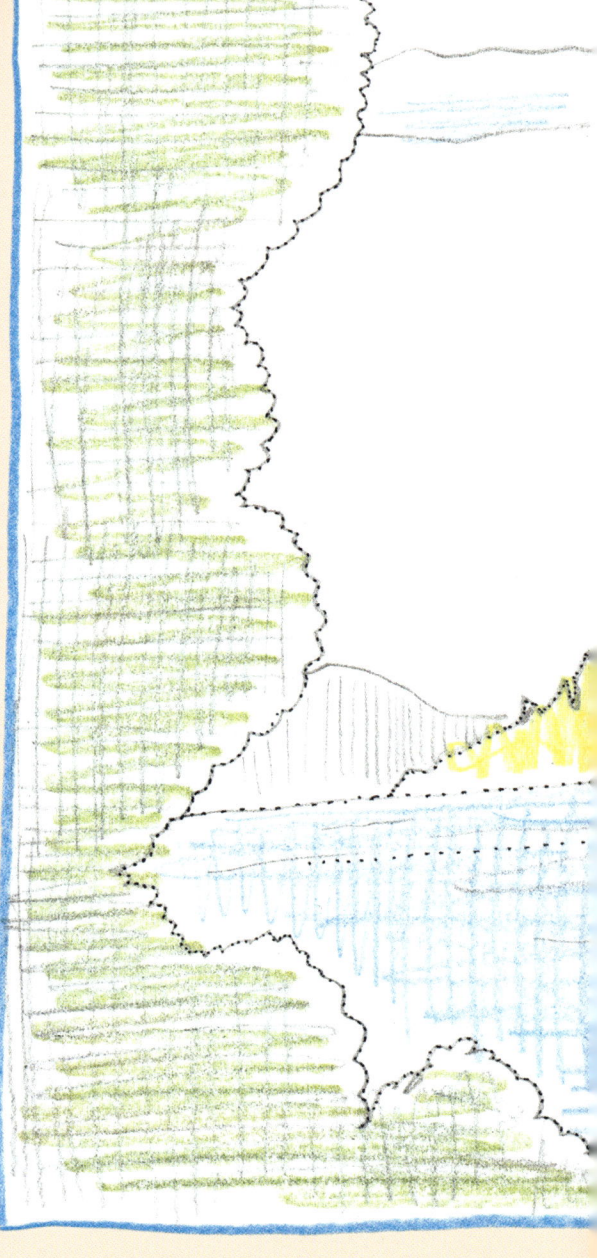

드디어 영화가 시작되었어요. 가영이는 동화책에서 보았던 아름답고 우아한 공주의 모습을 떠올리며 영화를 보았어요.

그런데 공주가 나오기는커녕 현상금이 걸린 도둑이 나오지 뭐

예요?

'어쩌면 저 사람이 왕자일지도 몰라.'

가영이는 그렇게 생각하며

영화를 봤어요.

하늘에서 금빛 별 조각 하나가 떨어지더니 아름다운 꽃이 되었어요. 그 꽃은 병들고 다친 사람을 고쳐 주는 마법의 꽃이었어요. 그런데 가텔이라는 노파가 젊음을 되찾으려고 그 꽃을 독차지하고 말았어요.

〈꽃아, 반짝반짝 빛나라!

너의 힘이 빛을 내뿜게 해

시간을 거꾸로 돌려다오!

한때 내 것이었던 것을 되돌려다오.〉

가텔이 노래를 부르자 주름이 온데간데없이 사라지고 흰머리도 검어졌어요.

'우와, 신기하다.'

가영이는 영화에 푹 빠져들었어요.

가텔은 젊고 아름다운 여자가 되었어요. 하지만 그 꽃을 영원히 갖지는 못했답니다. 아름다운 왕국의 왕비가 아프자 백성들이 마법의 꽃을 찾아냈기 때문이에요. 그 꽃을 우려 낸 물을 마시고 병이 나은 왕비는 귀여운 공주를 낳았지요.

"진짜 귀엽다."

바구니 속에 담겨 꼬물거리는 공주를 보며 가영이는 자기도 모르게 방긋 웃었어요.

공주의 머리카락은 금빛이었어요. 마법의 힘이 공주의 머리카락 속에 들어 있다고 생각한 가텔은 어느 날 밤 공주를 납치해 갔어요. 왕과 왕비는 몹시 슬퍼하며 공주를 찾았지만 끝내 찾지 못했어요. 가텔이 탑 속에 공주를 꼭꼭 숨겨 두었거든요. 아무것도 모르는 공주는 가텔이 엄마인 줄 알고 있었어요.

영화는 점점 재미있어졌어요.

이제 곧 백마를 탄 멋진 왕자가 나타나 공주를 구해 줄 거라 생각하며 가영이는 영화를 지켜보았어요. 그런데 갑자기 어디선가 '삐리릭 삐리릭~' 전화벨 소리가 울리지 뭐예요?

가영이는 힐끔 소리가 나는 쪽을 바라보았어요.

"아차차차."

엄마가 휴대전화를 꺼내더니 전원을 껐어요. 그래도 전화벨 소리가 계속해서 울렸어요. 당연하지요. 그 벨 소리는 엄마의 휴대전화에서 나는 소리가 아니었으니까요.

"아, 뭐야, 진짜!"

옆자리에 앉아 있던 여학생들이 짜증을 냈어요.

"휴대폰 좀 끕시다!"

누군가 크게 소리를 질렀어요.

　맞다며 맞장구를 치는 사람도 있고, 그 소리가 더 크다고 불평을 하는 사람도 있었어요. 극장 안이 잠깐 소란스러워졌어요.

　가영이는 영화를 제대로 볼 수가 없었어요. 그때 벨 소리가 뚝 그치더니 "여보세요?" 하는 소리가 들려왔어요.

　극장 안은 또다시 소란스러워졌어요.

　"참 나, 전화를 받으려면 밖으로 나가든지 말이야."

　"좀 조용히 합시다!"

　"너무하네, 정말!"

　여기저기서 웅성거리는 소리가 들려왔어요.

　　가영이도 못마땅한 표정으로 뒤를 돌아봤어요. 어두 워서 누가 누군지 보이지 않았어요.

　화면에서 도둑들이 궁궐에 침입해 보물을 훔쳐
달아나는 흥미진진한 장면이 나오자 극장 안은 다
시 조용해졌어요.

　"저 사람이 왕자지요, 엄마?"

　장면을 잠시 놓친 가영이가 그중 한 명을 가리키며
물었어요.

　"쉬잇!"

　엄마가 조용히 하라는 신호를 보냈어요.

　가영이는 얼른 입을 다물었어요.

　쫓고 쫓기는 추격전이 계속되었어요.

　미꾸라지처럼 요리조리 도망을 치던 도둑은 결국 공
주가 있는 탑까지 가고 말았어요.

　'이제 왕자가 공주를 구해 내겠지.'

　가영이는 그렇게 생각했어요.

그런데 공주가 프라이팬으로 왕자(도둑)의 머리를 내리쳐 기절을 시키고 말았어요.

'어떡해, 어떡해.'

가영이는 주먹을 꼭 쥐고 뚫어져라 화면을 바라보았어요.

공주는 혼자서 끙끙거리며 기절한 도둑을 옷장 안에 가두었어요. 그때 가텔이 돌아왔어요.

영화는 갈수록 손에 땀을 쥐게 만들었어요. 공주는 가텔을 속이고 탈출을 했어요. 도둑이 공주를 도와주었어요. 이 사실을 알게 된 가텔이 공주의 뒤를 쫓아왔어요. 왕실 수비대도 보물을 훔친 도둑의 뒤를 쫓았답니다.

가영이는 공주와 도둑이 붙잡힐까 봐 조마조마했어요. 특히 추격을 피해 도망친 두 사람이 물 속에 갇혔을 때는 안타까워 눈물이 날 지경이었지요.

그런데 난데없이 검은 그림자 하나가 화면을 슥 가리지 뭐예요?

"에이~, 뭐야?"

옆자리에 앉은 여학생이 또 짜증을 냈어요.

유치원생들을 데리고 온 선생님이 작은 그림자를 이끌고 밖으로 나가려고 했어요. 그때 다른 그림자 하나가 또 일어나며 큰 소리로 외쳤어요.

"선생님, 저도 오줌 마려워요!"

"저도요!"

"저도요!"

극장 안은 다시 시끌시끌 웅성웅성 소란이 일었어요.

"아하하하!" 하며 웃음을 터뜨리는 사람들도 있고, "저런 애들은 영화 관람을 못 하게 해야 한다니까. 도대체 교육을 어떻게 시키는 거야?" 하며 화를 내는 사람도 있었어요. 그제야 가영이는 엄마가 영화를 보기 전에 화장실에 들러야 한다고 한 이유를 알 수 있었답니다.

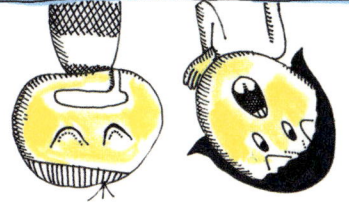

나부터 먼저 깨끗하고 안전하게!

　지저분한 공중화장실 때문에 얼굴을 찌푸렸던 기억, 대중 목욕탕에서 다른 사람 때문에 기분이 나빴던 기억, 누구나 한번쯤은 있을 거예요. 여럿이 함께 사용하는 화장실이나 목욕탕은 특히 건강과 안전과도 연결된 곳이라 더욱 주의가 필요해요. 냄새나고 더러운 화장실을 이용하고 싶은 사람은 아무도 없겠죠? 몸을 깨끗이 씻으러 간 목욕탕에서 기분이 나빠지고 싶은 사람은 아무도 없을 거예요. 다른 사람을 탓하기 전에 나부터 깨끗이 이용해야 다른 사람들도 깨끗하게 이용한답니다.

공중화장실에서는…

- 줄을 서서 차례를 기다려요.
- 문을 열기 전에 노크를 해서 사람이 있는지 없는지 확인해요.
- 화장실 안에 있을 때 밖에서 노크하면 안에서도 가볍게 노크해요.
- 바른 자세로 용변을 봐요.
- 휴지는 휴지통에 넣거나 변기에 넣어서 처리해요.
- 바닥에 침을 뱉지 않아요.
- 화장실 벽에 낙서를 하지 않아요.
- 용변을 본 뒤에는 잊지 말고 물을 내려요.
- 옷을 단정하게 입은 후에 화장실에서 나와요.
- 화장실에서 나올 때는 문을 닫아요.
- 손을 깨끗이 씻어요.
- 공중화장실에 있는 물건을 망가뜨리거나 가져가지 않아요.

대중목욕탕에서는…

- 목욕탕 안에서 뛰지 않아요. 미끄러워 사고 날 위험이 있답니다.
- 탕에 풍덩 뛰어들어 수영을 하거나 물장구를 치지 않아요.
- 탕에 들어갈 땐 비누로 몸을 깨끗이 씻고 들어가요.
- 큰 소리로 떠들지 않아요.
- 물을 끼얹을 때 옆사람에게 튀기지 않도록 조심해요.
- 목욕탕에서 음식을 먹거나 마시지 않아요.
- 탕 안에서 용변을 보지 않아요.

마무리도 깨끗하게

백마 탄 왕자가 끝까지 나오지 않아서 조금 실망스러웠지만 그
래도 영화는 재미있었어요.

라푼젤은 사랑스럽고 씩씩한 공주였어요. 가텔의 손아귀에서
벗어난 공주는 결국 왕과 왕비가 있는 궁전으로 오게 되었어요.

(가텔은 욕심을 부리다 창문에서 떨어져 죽고 말았어요.) 그리고 자신을 도와주었던 도둑과 결혼해서 잘 살게 되었지요. 영화는 이렇게 끝이 났답니다.

"야, 끝났다. 가자, 가자."

극장 안에 불이 켜지기도 전에 옆자리에 앉아 있던 여학생들이 부스럭거리며 일어났어요.

"배고프다. 사람들 몰리기 전에 빨리 나가자."

여학생들은 재빨리 출입구로 나갔어요.

가영이도 덩달아 일어났지요.

"조금 더 앉아 있으렴."

엄마가 말했어요.

"영화 다 끝났는데요."

가영이는 여기저기서 일어서는 사람들을 보며 말했어요.

"영화는 아직 다 끝난 게 아니란다."

엄마가 말했어요.

가영이는 화면을 바라보았어요. 검게 변한 화면 위로 자막이 올라가고 있었어요. 아무것도 안 보이는데 엄마는 왜 아직 영화가 안 끝났다고 말하는 걸까요? 가영이는 도무지 알 수가 없었어요.

"음악 소리가 들리지 않니?"

엄마 말을 듣고 보니 음악 소리가 들려왔어요.

"우리나라 사람들은 성격이 급해서 영화가 끝나자마자 곧바로 자리에서 일어서는 경우가 많은데, 영화를 온전히 감상하려면 자막이 다 올라갈 때까지 기다리는 게 좋단다. 어떤 영화 음악은 그때가 되어서야 흘러나오거든."

엄마는 영화가 음악과 영상이 어우러진 종합예술이라고 말해 주었어요.

그게 무슨 뜻인지 잘 몰랐지만 어두컴컴한 극장을 서둘러 빠져나가려고 부산을 떠는 사람들보다 엄마가 더 근사해 보였어요. 가영이는 극장에 불이 켜질 때까지 엄마 옆에 가만히 앉아 음악을 들었어요.

잠시 뒤 음악이 멎고 극장 안에 불이 켜졌어요. 가영이와 엄마는 자리에서 일어났어요. 그런데 바닥에 쓰레기들이 널려 있지 뭐예요. 옆자리에 앉아 있던 여학생들이 과자 봉지와 음료수 컵을 바닥에 버리고 갔나 봐요.

"쯧쯧쯧. 자기 집이라면 이러지 않을 텐데."

엄마가 혀를 찼어요.

쓰레기가 나뒹구는 걸 보니 가영이는 기분이 좋지 않았어요. 엄마가 외출할 때마다 공공장소에서 지켜야 할 예절을 알려 주고 강조하는 이유를 어렴풋이 알 것 같았어요.

"뭐 먹고 싶니?"

아빠가 물었어요.

"아이스크림요!"

가영이와 엄마는 아빠를 만나 근처에 있는 가게로 들어갔어요. 가영이가 좋아하는 아이스크림도 팔고 차와 음료수도 파는 가게였어요. 토요일 오후라 그런지 가게 안도 북적이고 있었어요.

"당신은 뭐 먹을 거야?"

아빠가 물었어요.

"아이스 커피요."

엄마가 말했어요.

"아이스 커피 두 잔하고, 아이스크림 하나 주세요."

아빠는 흠흠, 목소리를 가다듬어 주문을 하고는 가영이에게 물었어요.

"가영아, 영화는 어땠어?"

"무지무지 재미있었어요. 그런데 안 재미있는 일도 있었어요."

가영이가 말했어요.

"그게 뭔데?"

가영이는 극장에서 있었던 일을 전부 아빠에게 들려주었어요. "저런, 극장 안에서 휴대전화를 켜 놓았단 말이야? 그러면 안 되지." 하며 흥분을 하던 아빠가 유치원생들 이야기를 하자 와하하하, 웃음을 터뜨렸어요.

"목소리가 너무 커요. 낮춰요."

엄마가 아빠 옆구리를 쿡 찌르며 말했어요.

점원이 주문한 커피와 아이스크림을 가져다 주었어요.

가영이는 햄버거 가게에서 보았던 남학생들을 떠올렸어요. 그러자 자기도 모르게 목소리가 작아졌어요.

"아빠, 엄마. 먼저 드세요."

가영이가 속삭이듯 조그맣게 말했어요.

"으하하, 역시 우리 딸은 당신 닮아 바른 생활 어린이라니까. 모두들 당신이랑 가영이만큼만 하면 정말 좋을 텐데."

아빠가 너털웃음을 터뜨리며 칭찬했어요.

"여보!"

"아빠!"

엄마와 가영이가 동시에 말했어요.

아빠가 아차차차, 하며 입을 오므렸어요. 하지만 얼굴에는 벙글벙글 미소가 감돌고 있었답니다. 엄마도 싫지 않은지 살짝 웃고 있었어요. 가영이는 기분 좋게 웃으며 아이스크림을 먹었어요. 아주아주 맛있는 아이스크림이었어요.

쉿~, 목소리를 낮춰요

요즈음 영화, 연극, 뮤지컬, 음악회 등 어린이를 위한 즐겁고 재미있는 공연들이 많아지고 있어요. 다양한 공연을 재미있게 즐기기 위해서는 관람 예절을 잘 지켜야 해요. 특히 극장이나 공연장과 같은 닫힌 공간에서는 다른 사람을 배려하는 마음이 더욱 더 필요하지요. 또한 사람과 사람 사이의 예절뿐 아니라 우리에게 즐거움을 주는 문화 공간에 대한 예절까지 지킨다면 훨씬 더 재미있는 관람이 될 거예요.

공연장, 극장에서는…

- 공연에 대해 미리 알고 가면 훨씬 더 재미있어요.
- 표를 사거나 입장할 때는 줄을 서요.
- 화장실에는 미리 다녀와요.
- 공연이 시작하기 전에 들어가서 정해진 자리에 앉아요.
- 다른 사람의 앞을 지나게 될 때는 꼭 "실례합니다."라고 말해요.
- 휴대전화, 호출기는 끄거나 진동으로 바꾸어요.
- 큰 소리로 떠들거나 옆 사람과 이야기를 나누지 않아요.
- 앉은 자세를 높이거나 모자를 쓰지 않는 것이 좋아요.
- 공연이 완전히 끝날 때까지 자리에서 일어나지 않아요.
- 사진을 찍거나 녹음, 녹화를 하지 않아요.
- 음식을 가지고 가지 않아요.
- 공연 중에 박수를 적절하게 쳐 주세요.
  단, 음악회의 경우 연주가 완전히 끝날 때까지 박수를 치지 않아요.
- 공연이 끝나면 박수를 보내어 연주자나 연기자를 격려해요.
- 무리하게 앙코르를 청하지 않아요.
- 영화를 볼 때 앞의자의 팔걸이에 발을 올려 놓거나 앞의자를 발로 차지 않아요.
- 영화를 보며 팝콘과 같은 과자를 먹을 때는 소리를 내지 않도록 하고,
  음료수 컵이나 과자 봉지 등의 쓰레기는 관람이 끝난 뒤 쓰레기통에 버려요.

나의 공공장소예절은 몇 점일까요?

더불어 살아가기 위해 꼭 지켜야 하는 공공장소예절!
여러분은 얼마나 지키고 있나요? 잘 지키고 있는 항목에
체크하세요.

- □ 항상 바르고 고운 말을 쓴다.
- □ 버스나 지하철을 탈 때 노약자에게 자리를 양보한다.
- □ 에스컬레이터를 탈 때는 손잡이를 꼭 잡는다.
- □ 화장실에서 차례를 지키는 것은 기본, 급한 사람에게는 양보하기도 한다.
- □ 횡단보도를 건널 때는 손을 들고 건넌다.
- □ 음식점 안에서 뛰어다니지 않는다.
- □ 영화를 볼 때는 휴대전화를 끈다.
- □ 미술관이나 박물관에서 전시물을 만지지 않는다.
- □ 동네 어른을 만나면 인사한다.
- □ 공원의 꽃을 꺾거나 잔디를 함부로 밟지 않는다.
- □ 쓰레기는 쓰레기통에 버리고, 땅에 버려진 쓰레기는 줍는다.
- □ 화장실을 이용한 뒤에는 손을 깨끗이 씻는다.
- □ 도서관 책상에 낙서를 하지 않는다.
- □ 마트의 진열대에 있는 물건을 어지르지 않는다.
- □ 공공 시설을 내 것처럼 생각한다.

12~15개

훌륭해요!
아주 예절 바른 어린이예요. '나 하나쯤이야' 하는 생각보다 '나 하나만이라도' 하는 아름다운 마음을 가진 여러분의 행동이 세상을 더 즐겁고 행복하게 만들고 있어요.

6~11개

좀더 노력해 볼까요?
예절을 비교적 잘 지키며, 무엇이 바른 행동인지도 잘 알고 있지요. 지금도 잘하고 있지만 앞으로 더 잘할 수 있을 거예요. 조금만 더 노력해 보세요.

1~5개

처음부터 제대로!
예절에 무관심한 여러분은 버릇 없다는 이야기를 들을 수도 있어요. 그렇다면 이제부터라도 예절에 대한 공부를 시작해 보세요. 처음부터 제대로 알고 난 뒤에는 잘 지킬 수 있을 거예요.